個別記録ノート

*このノートの目次になるページです。氏名は名簿印を押すか、Excelで作成して貼ると便利です。

氏　名	Page No.	
	2-3	
	4-5	
	6-7	
	8-9	
	10-11	
	12-13	
	14-15	
	16-17	
	18-19	
	20-21	
	22-23	
	24-25	
	26-27	
	28-29	
	30-31	
	32-33	
	34-35	
	36-37	
	38-39	
	40-41	
	42-43	
	44-45	
	46-47	
	48-49	
	50-51	
	52-53	
	54-55	
	56-57	
	58-59	
	60-61	
	62-63	
	64-65	
	66-67	
	68-69	
	70-71	

JN187664

	No			生年月日	
	氏名			出身校	

	1学期（前期）	2学期（後期）	3学期
係			
委員			
その他（行事等）			
部活・クラブ			
習い事・資格等			
ボランティア			
進路希望			
特記事項			

＊ 日々の活躍・ほめたいこと

1学期（前期）	2学期（後期）	3学期

＊ 気になったこと、問題行動等

／	／	／
／	／	／

* 面談等の記録

担任から	保護者・本人から

次ページにつづく

Note

No			生年月日	
氏名			出身校	

	1学期（前期）	2学期（後期）	3学期
係			
委員			
その他（行事等）			
部活・クラブ			
習い事・資格等			
ボランティア			
進路希望			
特記事項			

＊日々の活躍・ほめたいこと

1学期（前期）	2学期（後期）	3学期

＊気になったこと、問題行動等

/	/	/
/	/	/

* 面談等の記録

担任から	保護者・本人から
/	

次ページにつづく

Note

No			生年月日	
氏名			出身校	

	1学期（前期）	2学期（後期）	3学期
係			
委員			
その他（行事等）			
部活・クラブ			
習い事・資格等			
ボランティア			
進路希望			
特記事項			

＊日々の活躍・ほめたいこと

1学期（前期）	2学期（後期）	3学期

＊気になったこと、問題行動等

／	／	／
／	／	／

* 面談等の記録

担任から	保護者・本人から
/	

ページにつづく

Note

No		生年月日	
氏名		出身校	

	1学期（前期）	2学期（後期）	3学期
係			
委員			
その他（行事等）			
部活・クラブ			
習い事・資格等			
ボランティア			
進路希望			
特記事項			

* 日々の活躍・ほめたいこと

1学期（前期）	2学期（後期）	3学期

* 気になったこと、問題行動等

/	/	/

/	/	/

* 面談等の記録

担任から	保護者・本人から
/	

ページにつづく

Note

	No			生年月日	
	氏名			出身校	

	1学期（前期）	2学期（後期）	3学期
係			
委員			
その他（行事等）			
部活・クラブ			
習い事・資格等			
ボランティア			
進路希望			
特記事項			

＊日々の活躍・ほめたいこと

1学期（前期）	2学期（後期）	3学期

＊気になったこと、問題行動等

/	/	/
/	/	/

* 面談等の記録

担任から	保護者・本人から
/	

Note

	No		生年月日	
	氏名		出身校	

	1学期（前期）	2学期（後期）	3学期
係			
委員			
その他（行事等）			
部活・クラブ			
習い事・資格等			
ボランティア			
進路希望			
特記事項			

＊ 日々の活躍・ほめたいこと

1学期（前期）	2学期（後期）	3学期

＊ 気になったこと、問題行動等

/	/	/
/	/	/

* 面談等の記録

担任から	保護者・本人から
/	

次ページにつづく

Note

No	
氏名	

生年月日	
出身校	

	1学期（前期）	2学期（後期）	3学期
係			
委員			
その他（行事等）			
部活・クラブ			
習い事・資格等			
ボランティア			
進路希望			
特記事項			

* 日々の活躍・ほめたいこと

1学期（前期）	2学期（後期）	3学期

* 気になったこと、問題行動等

／	／	／
／	／	／

・面談等の記録

担任から	保護者・本人から
/	

ページにつづく

Note

No		生年月日
氏名		出身校

	1学期（前期）	2学期（後期）	3学期
係			
委員			
その他（行事等）			
部活・クラブ			
習い事・資格等			
ボランティア			
進路希望			
特記事項			

* 日々の活躍・ほめたいこと

1学期（前期）	2学期（後期）	3学期

* 気になったこと、問題行動等

/	/	/
/	/	/

・面談等の記録

担任から	保護者・本人から

Note

No			生年月日	
氏名			出身校	

	1学期（前期）	2学期（後期）	3学期
係			
委員			
その他（行事等）			
部活・クラブ			
習い事・資格等			
ボランティア			
進路希望			
特記事項			

＊日々の活躍・ほめたいこと

1学期（前期）	2学期（後期）	3学期

＊気になったこと、問題行動等

／	／	／
／	／	／

* 面談等の記録

担任から	保護者・本人から

ページにつづく

Note

	No		生年月日	
	氏名		出身校	

	1学期（前期）	2学期（後期）	3学期
係			
委員			
その他（行事等）			
部活・クラブ			
習い事・資格等			
ボランティア			
進路希望			
特記事項			

＊日々の活躍・ほめたいこと

1学期（前期）	2学期（後期）	3学期

＊気になったこと、問題行動等

／	／	／
／	／	／

* 面談等の記録

担任から	保護者・本人から

次ページにつづく

Note

	No			生年月日	
	氏名			出身校	

	1学期(前期)	2学期(後期)	3学期
係			
委員			
その他(行事等)			
部活・クラブ			
習い事・資格等			
ボランティア			
進路希望			
特記事項			

* 日々の活躍・ほめたいこと

1学期(前期)	2学期(後期)	3学期

* 気になったこと、問題行動等

/	/	/
/	/	/

・面談等の記録

担任から	保護者・本人から

Note

No		生年月日	
氏名		出身校	

	1学期（前期）	2学期（後期）	3学期
係			
委員			
その他（行事等）			
部活・クラブ			
習い事・資格等			
ボランティア			
進路希望			
特記事項			

＊日々の活躍・ほめたいこと

1学期（前期）	2学期（後期）	3学期

＊気になったこと、問題行動等

／	／	／
／	／	／

・面談等の記録

担任から	保護者・本人から

ページにつづく

Note

No			生年月日	
氏名			出身校	

	1学期（前期）	2学期（後期）	3学期
係			
委員			
その他（行事等）			
部活・クラブ			
習い事・資格等			
ボランティア			
進路希望			
特記事項			

＊ 日々の活躍・ほめたいこと

1学期（前期）	2学期（後期）	3学期

＊ 気になったこと、問題行動等

／	／	／
／	／	／

面談等の記録

担任から	保護者・本人から

次ページにつづく

Note

No		
氏名		

生年月日	
出身校	

	1学期（前期）	2学期（後期）	3学期
係			
委員			
その他（行事等）			
部活・クラブ			
習い事・資格等			
ボランティア			
進路希望			
特記事項			

＊日々の活躍・ほめたいこと

1学期（前期）	2学期（後期）	3学期

＊気になったこと、問題行動等

/	/	/
/	/	/

面談等の記録

担任から	保護者・本人から

ページにつづく

Note

No	生年月日	
氏名	出身校	

	1学期(前期)	2学期(後期)	3学期
係			
委員			
その他(行事等)			
部活・クラブ			
習い事・資格等			
ボランティア			
進路希望			
特記事項			

* 日々の活躍・ほめたいこと

1学期(前期)	2学期(後期)	3学期

* 気になったこと、問題行動等

/	/	/
/	/	/

面談等の記録

担任から	保護者・本人から
/	

ページにつづく

Note

	No			生年月日	
	氏名			出身校	

	1学期（前期）	2学期（後期）	3学期
係			
委員			
その他（行事等）			
部活・クラブ			
習い事・資格等			
ボランティア			
進路希望			
特記事項			

* 日々の活躍・ほめたいこと

1学期（前期）	2学期（後期）	3学期

* 気になったこと、問題行動等

/	/	/
/	/	/

面談等の記録

担任から	保護者・本人から

ページにつづく

Note

No			生年月日	
氏名			出身校	

	1学期(前期)	2学期(後期)	3学期
係			
委員			
その他(行事等)			
部活・クラブ			
習い事・資格等			
ボランティア			
進路希望			
特記事項			

＊日々の活躍・ほめたいこと

1学期(前期)	2学期(後期)	3学期

＊気になったこと、問題行動等

/	/	/
/	/	/

面談等の記録

担任から	保護者・本人から
/	

ページにつづく

Note

	No		生年月日	
	氏名		出身校	

	1学期（前期）	2学期（後期）	3学期
係			
委員			
その他（行事等）			
部活・クラブ			
習い事・資格等			
ボランティア			
進路希望			
特記事項			

＊日々の活躍・ほめたいこと

1学期（前期）	2学期（後期）	3学期

＊気になったこと、問題行動等

／	／	／
／	／	／

面談等の記録

担任から	保護者・本人から

ページにつづく

Note

No			生年月日	
氏名			出身校	

	1学期（前期）	2学期（後期）	3学期
係			
委員			
その他（行事等）			
部活・クラブ			
習い事・資格等			
ボランティア			
進路希望			
特記事項			

＊ 日々の活躍・ほめたいこと

1学期（前期）	2学期（後期）	3学期

＊ 気になったこと、問題行動等

／	／	／
／	／	／

面談等の記録

担任から	保護者・本人から

ページにつづく

Note

No			生年月日	
氏名			出身校	

	1学期（前期）	2学期（後期）	3学期
係			
委員			
その他（行事等）			
部活・クラブ			
習い事・資格等			
ボランティア			
進路希望			
特記事項			

＊日々の活躍・ほめたいこと

1学期（前期）	2学期（後期）	3学期

＊気になったこと、問題行動等

／	／	／
／	／	／

面談等の記録

担任から	保護者・本人から

ページにつづく

Note

No		
氏名		

生年月日		
出身校		

	1学期（前期）	2学期（後期）	3学期
係			
委員			
その他（行事等）			
部活・クラブ			
習い事・資格等			
ボランティア			
進路希望			
特記事項			

* 日々の活躍・ほめたいこと

1学期（前期）	2学期（後期）	3学期

* 気になったこと、問題行動等

/	/	/
/	/	/

面談等の記録

担任から	保護者・本人から

ページにつづく

Note

No	
氏名	

生年月日	
出身校	

	1学期（前期）	2学期（後期）	3学期
係			
委員			
その他（行事等）			
部活・クラブ			
習い事・資格等			
ボランティア			
進路希望			
特記事項			

＊日々の活躍・ほめたいこと

1学期（前期）	2学期（後期）	3学期

＊気になったこと、問題行動等

/	/	/
/	/	/

面談等の記録

担任から	保護者・本人から

次ページにつづく

Note

No			生年月日	
氏名			出身校	

	1学期（前期）	2学期（後期）	3学期
係			
委員			
その他（行事等）			
部活・クラブ			
習い事・資格等			
ボランティア			
進路希望			
特記事項			

＊日々の活躍・ほめたいこと

1学期（前期）	2学期（後期）	3学期

＊気になったこと、問題行動等

／	／	／
／	／	／

・面談等の記録

担任から	保護者・本人から

次ページにつづく

Note

No		生年月日
氏名		出身校

	1学期（前期）	2学期（後期）	3学期
係			
委員			
その他（行事等）			
部活・クラブ			
習い事・資格等			
ボランティア			
進路希望			
特記事項			

＊日々の活躍・ほめたいこと

1学期（前期）	2学期（後期）	3学期

＊気になったこと、問題行動等

／	／	／
／	／	／

面談等の記録

担任から	保護者・本人から

ページにつづく

Note

No	
氏名	

生年月日	
出身校	

	1学期（前期）	2学期（後期）	3学期
係			
委員			
その他（行事等）			
部活・クラブ			
習い事・資格等			
ボランティア			
進路希望			
特記事項			

＊日々の活躍・ほめたいこと

1学期（前期）	2学期（後期）	3学期

＊気になったこと、問題行動等

／	／	／
／	／	／

・面談等の記録

担任から	保護者・本人から

次のページにつづく

Note

No			生年月日	
氏名			出身校	

	1学期（前期）	2学期（後期）	3学期
係			
委員			
その他（行事等）			
部活・クラブ			
習い事・資格等			
ボランティア			
進路希望			
特記事項			

＊日々の活躍・ほめたいこと

1学期（前期）	2学期（後期）	3学期

＊気になったこと、問題行動等

／	／	／
／	／	／

面談等の記録

担任から	保護者・本人から

次ページにつづく

Note

No		生年月日	
氏名		出身校	

	1学期(前期)	2学期(後期)	3学期
係			
委員			
その他(行事等)			
部活・クラブ			
習い事・資格等			
ボランティア			
進路希望			
特記事項			

* 日々の活躍・ほめたいこと

1学期(前期)	2学期(後期)	3学期

* 気になったこと、問題行動等

/	/	/
/	/	/

* 面談等の記録

担任から	保護者・本人から
/	

ページにつづく

Note

No			生年月日	
氏名			出身校	

	1学期（前期）	2学期（後期）	3学期
係			
委員			
その他（行事等）			
部活・クラブ			
習い事・資格等			
ボランティア			
進路希望			
特記事項			

＊日々の活躍・ほめたいこと

1学期（前期）	2学期（後期）	3学期

＊気になったこと、問題行動等

/	/	/
/	/	/

* 面談等の記録

担任から	保護者・本人から

ページにつづく

Note

	No			生年月日	
	氏名			出身校	

	1学期（前期）	2学期（後期）	3学期
係			
委員			
その他（行事等）			
部活・クラブ			
習い事・資格等			
ボランティア			
進路希望			
特記事項			

＊日々の活躍・ほめたいこと

1学期（前期）	2学期（後期）	3学期

＊気になったこと、問題行動等

／	／	／
／	／	／

- 面談等の記録

担任から	保護者・本人から

次ページにつづく

Note

No		
氏名		

生年月日	
出身校	

	1学期（前期）	2学期（後期）	3学期
係			
委員			
その他（行事等）			
部活・クラブ			
習い事・資格等			
ボランティア			
進路希望			
特記事項			

＊日々の活躍・ほめたいこと

1学期（前期）	2学期（後期）	3学期

＊気になったこと、問題行動等

／	／	／
／	／	／

* 面談等の記録

担任から	保護者・本人から

次ページにつづく

Note

No	
氏名	

生年月日	
出身校	

	1学期（前期）	2学期（後期）	3学期
係			
委員			
その他（行事等）			
部活・クラブ			
習い事・資格等			
ボランティア			
進路希望			
特記事項			

＊日々の活躍・ほめたいこと

1学期（前期）	2学期（後期）	3学期

＊気になったこと、問題行動等

/	/	/
/	/	/

* 面談等の記録

担任から	保護者・本人から

ページにつづく

Note

No	
氏名	

生年月日	
出身校	

	1学期（前期）	2学期（後期）	3学期
係			
委員			
その他（行事等）			
部活・クラブ			
習い事・資格等			
ボランティア			
進路希望			
特記事項			

＊ 日々の活躍・ほめたいこと

1学期（前期）	2学期（後期）	3学期

＊ 気になったこと、問題行動等

／	／	／
／	／	／

* 面談等の記録

担任から	保護者・本人から

ページにつづく

Note

No		
氏名		

生年月日		
出身校		

	1学期（前期）	2学期（後期）	3学期
係			
委員			
その他（行事等）			
部活・クラブ			
習い事・資格等			
ボランティア			
進路希望			
特記事項			

＊ 日々の活躍・ほめたいこと

1学期（前期）	2学期（後期）	3学期

＊ 気になったこと、問題行動等

/	/	/
/	/	/

* 面談等の記録

担任から	保護者・本人から

ページにつづく

Note

	No			生年月日	
	氏名			出身校	

	1学期（前期）	2学期（後期）	3学期
係			
委員			
その他（行事等）			
部活・クラブ			
習い事・資格等			
ボランティア			
進路希望			
特記事項			

* 日々の活躍・ほめたいこと

1学期（前期）	2学期（後期）	3学期

* 気になったこと、問題行動等

/	/	/
/	/	/

* 面談等の記録

担任から	保護者・本人から

ページにつづく

Note

No	
氏名	

生年月日	
出身校	

	1学期（前期）	2学期（後期）	3学期
係			
委員			
その他（行事等）			
部活・クラブ			
習い事・資格等			
ボランティア			
進路希望			
特記事項			

＊日々の活躍・ほめたいこと

1学期（前期）	2学期（後期）	3学期

＊気になったこと、問題行動等

／	／	／
／	／	／

* 面談等の記録

担任から	保護者・本人から
/	

ページにつづく

Note

このノートは非常に大切な物です。
万が一、拾われた場合は
お手数ですが下記までご連絡をお願いします。

_____

このノートは非常に大切な物です。
万が一、拾われた場合は
お手数ですが、下記までご連絡をお願いします。

Note

担任から	保護者・本人から

＊面談等の記録

メッセージ

No	
氏名	

生年月日	
性別	

	1学期（前期）	2学期（後期）	3学期
体格			
姿勢			
その他（行事等）			
部活・クラブ			
習い事・塾通い等			
ボランティア			
通学距離			
特記事項			

* 日々の活躍・ほめたいこと

1学期（前期）	2学期（後期）	3学期

* 気になったこと、問題行動等

/	/	/
/	/	/

Note

相性から	保護者・本人から

オンコロジー

* 面談等の記録

	氏名	
No		

	年月日	
	出身校	

	1学期（前期）	2学期（後期）	3学期
姓			
名前			
その他（行事等）			
部活・クラブ			
塾・習い事・家庭教師			
ボランティア			
進路希望			
特記事項			

* 日々の活躍・ほめたいこと

1学期（前期）	2学期（後期）	3学期

* 気になったこと、問題行動等

/	/	/
/	/	/

Note

担任から	保護者・本人から

メモページ

* 面談等の記録

No	
氏名	

	生年月日
	出身校

	1学期（前期）	2学期（後期）	3学期
性			
年齢			
その他（行事等）			
部活・クラブ			
習い事・塾校等			
ポランティア			
進路希望			
特記事項			

* 日々の活躍・ほめたいこと

1学期（前期）	2学期（後期）	3学期

* 気になったこと、問題行動等

/	/	/
/	/	/

Note

担任から	伝達事項・人から

※ 面談等の記録

No	氏名		
	学年組		
	年月日		

	1学期（前期）	2学期（後期）	3学期
姓			
姿勢			
その他（行動等）			
朝食・ランチ			
思い事・反省会			
ボランティア			
連絡事項			
特記事項			

* 日々の反省・ほめたいこと

1学期（前期）	2学期（後期）	3学期

* 気になったこと、問題行動等

1学期（前期）	2学期（後期）	3学期
／	／	／
／	／	／

Note

担任から	佐護者・本人から

* 面談者の記録

	1学期（前期）	2学期（後期）	3学期
氏名			
委員			
その他（行事等）			
部活・クラブ			
習い事・塾投稿等			
ボランティア			
進路希望			
特記事項			

* 日々の活躍・ほめたいこと

1学期（前期）	2学期（後期）	3学期

* 気になったこと、問題行動等

1学期（前期）	2学期（後期）	3学期
/	/	/
/	/	/

NO	
氏名	

出身校	
生年月日	

担任から	保護者・本人から

氏名			出席番号	
No			年月日	

	1 学期（前期）	2 学期（後期）	3 学期
朝			
昼食			
その他（行事食）			
給食・ランチ			
弁当・給食以外			
ポランティア			
連絡事項			
特記事項			

* 日々の活動・ほめたいこと

1 学期（前期）	2 学期（後期）	3 学期

* 気になったこと、問題行動など

/	/	/
/	/	/

* 面談者の記録

相手から	岩護者・本人から

オープンスペース

Note

No			生年月日	
氏名			出身校	

	1学期（前期）	2学期（後期）	3学期
係			
委員			
その他（行事等）			
部活・クラブ			
習い事・資格等			
ボランティア			
進路希望			
特記事項			

＊日々の活躍・ほめたいこと

1学期（前期）	2学期（後期）	3学期

＊気になったこと、問題行動等

/	/	/
/	/	/

Note

*面談者の記録

相手から	弁護者・本人から

〈コピー用〉

No	
氏名	

生年月日	
出身校	

	1学期（前期）	2学期（後期）	3学期
姓			
委員			
その他（行事等）			
部活・クラブ			
習い事・塾授業			
ボランティア			
進路希望			
特記事項			

* 日々の活躍・ほめたいこと

	1学期（前期）	2学期（後期）	3学期

* 気になったこと、問題行動等

	1学期（前期）	2学期（後期）	3学期
	/	/	/
	/	/	/

Note

担任から	保護者・本人から

	1時間目(知識)	2時間目(技能)	3時間目
No			
氏名			
年月日			
出身校			

	1時間目(知識)	2時間目(技能)	3時間目
傷			
着衣			
その他(行事等)			
部活・クラブ			
忘れ物・落とし物			
ボランティア			
連絡事項			
特記事項			

* 日々の活躍・ほめたいこと

1時間目(知識)	2時間目(技能)	3時間目

* 気になったこと、問題行動等

/	/	/
/	/	/

Note

担当から	看護者・本人から

*면회자의 기록

No			年月日	
氏名			出席校	

* 1日の授業・目あたりについて

	1学期（前期）	2学期（後期）	3学期
服装			
姿勢			
その他（行動等）			
朝食・グラフ			
忘れ物・宿題提出			
ボランティア			
連絡帳等			
特記事項			

* 気になったこと、問題行動等

1学期（前期）	2学期（後期）	3学期
/	/	/
/	/	/

Note

担任から	保護者・本人から

面談者の記録
ページつづく

No		名前	
年月日		出席校	

	1時間（初期）	2時間（後期）	3時間
朝			
昼食			
その他（行事等）			
朝食・クラブ			
習い事・塾授業			
ポランティア			
進路希望			
特記事項			

* 1日の反省・ほめたいこと

1時間（初期）	2時間（後期）	3時間

* 気になったこと、問題行動等

/	/	/
/	/	/

Note

担任から	担護者・本人から

＜つづき＞

No		氏名	

年月日		出席校	

	1学時（朝時）	2学時（昼時）	3学時
体			
姿勢			
その他（行事等）			
服装・グルプ			
言い事・器投話等			
ボランティア			
連絡事項			
特記事項			

* 日々の活動・ほめたいこと

1学時（朝時）	2学時（昼時）	3学時

* 気になったこと、問題行動等

/	/	/
/	/	/

Note

担任から	出席者・本人から

フリーページ

* 面談等の記録

No			名前	
			年月日	
			出身校	

* 日々の活躍・ほめたいこと

	1学期（前期）	2学期（後期）	3学期
係			
委員			
その他（行事等）			
部活・クラブ			
習い事・塾校等			
ボランティア			
進路希望			
特記事項			

* 気になったこと、問題行動等

1学期（前期）	2学期（後期）	3学期
/	/	/
/	/	/

面会の記録	
担任から	保護者・本人から

No		氏名	

年月日		出身校	

	1学期（前期）	2学期（後期）	3学期
塾			
委員			
その他（行事等）			
部活・クラブ			
習い事・習熟度等			
ボランティア			
進路希望			
特記事項			

* 日々の活躍・ほめたいこと

1学期（前期）	2学期（後期）	3学期

* 気になったこと、問題行動等

/	/	/
/	/	/

Note

日付から	保護者・本人から

No	
氏名	

生年月日	
出身校	

	1学期（前期）	2学期（後期）	3学期
姿			
姿勢			
その他（行動等）			
起居・ラップ			
着い事・習得稽古			
ボランティア			
進路希望			
特記事項			

＊日々の活躍・ほめたいこと

	1学期（前期）	2学期（後期）	3学期

＊気になったこと、問題行動等

／	／	／
／	／	／

Note

担任から	保護者・本人から

No		氏名	
生年月日		出身校	

* 日々の反省・ほめたいこと

	1学期（前期）	2学期（後期）	3学期
椅子			
姿勢			
その他（行動等）			
給食・ラップ			
忘れ物・提出物等			
ボランティア			
連絡発表			
持ち運び道具			

* 気になったこと、問題行動等

1学期（前期）	2学期（後期）	3学期
/	/	/
/	/	/

40

Note

担任から

保護者・本人から

* 面談等の記録

ヘルプページ

NO		氏名	
生年月日		出身校	

* 日々の活動・ほめたいこと

	1学期（前期）	2学期（後期）	3学期
係			
委員			
その他（行事等）			
部活・クラブ			
習い事・塾校等			
ボランティア			
連絡事項			
特記事項			

* 気になったこと、問題行動等

	1学期（前期）	2学期（後期）	3学期
/	/	/	
/	/	/	

Note

日付から	出演者・本から

ヘッドライン

* 面白論の記録

No		年月日	
氏名		申し送り	

	1学期(初期)	2学期(後期)	3学期
姓			
姓名			
その他(行事等)			
病気・ケガ			
思い事・家族関係			
ボランティア			
進路希望			
特記事項			

* 日々の活躍・ほめたいこと

1学期(初期)	2学期(後期)	3学期

* 気になったこと、問題行動等

/	/	/
/	/	/

年月日	保護者・本人より

* 面談等の記録

No		氏名	
	年月日	出身校	

* 1日の活護・ほめたいこと

1学期（前期）	2学期（後期）	3学期
挨拶		
姿勢		
その他（行事等）		
給食・クラブ		
忘れ物・宿題等		
ボランティア		
連絡帳等		
特記事項		

* 気になったこと、問題行動等

/	/	/
/	/	/

Note

担任から	保護者・本人から

メモスペース

* 面談等の記録

NO		氏名	
年月日		出席番号	

* 今日の反省・ほめたいこと

	1学期（前期）	2学期（後期）	3学期
姿勢			
発言			
その他（行事等）			
給食・クラブ			
習い事・塾投校等			
ボランティア			
進路希望			
特記事項			

* 気になったこと、問題行動等

1学期（前期）	2学期（後期）	3学期
/	/	/
/	/	/

担任から	保護者・本人から

No		年月日	
氏名		出席枚	

1学期（前期）	2学期（後期）	3学期
性		
委員		
その他（行事委員）		
部活・クラブ		
塾・習い事・資格等		
ボランティア		
連絡番号		
特記事項		

* 目々の活躍・ほめたいこと

1学期（前期）	2学期（後期）	3学期

* 気になったこと、問題行動等

/	/	/
/	/	/

担任から	保護者・本人から

メモページ

No			氏名	
			生年月日	出身校

*1日の活動・ほめたいこと

1学期（前期）			2学期（後期）			3学期
姿						
発言						
その他（行事等）						
部活・クラブ						
習い事・塾授業						
ボランティア						
進路希望						
特記事項						

*気になったこと、問題行動等

1学期（前期）	2学期（後期）	3学期
/	/	/
/	/	/

担任から	保護者・本人から

	No
名前	
生年月日	
出身校	

	1学期（前期）	2学期（後期）	3学期
姓			
性格			
その他（行事等）			
部活・クラブ			
習い事・塾校等			
ボランティア			
進路希望			
特記事項			

* 日々の記録・ほめたいこと

1学期（前期）	2学期（後期）	3学期

* 気になったこと、問題行動等

/	/	/
/	/	/

担任から	保護者・本人から

* 面談等の記録

No		名前	
生年月日		出身校	

	1学年（前期）	2学年（後期）	3学年
姓			
名前			
その他（行事名）			
部活・クラブ			
習い事・塾校等			
ボランティア			
進路希望			
将来の夢			

* 日々の活躍・ほめたいこと

1学年（前期）	2学年（後期）	3学年

* 気になったこと、問題行動等

/	/	/
/	/	/

Note

担任から	保護者・本人から

＊面談等の記録

	No		氏名	
	生年月日		出身校	

	1学期（前期）	2学期（後期）	3学期
姿			
姿勢			
その他（行動等）			
服装・ラフ			
居眠り・居残等			
ボランティア			
連絡先等			
特記事項			

* 日々の活躍・ほめたいこと

1学期（前期）	2学期（後期）	3学期

* 気になったこと、問題行動等

/	/	/
/	/	/

* 関係者の記録

担任から	保護者・本人から

ひとことメモ

No		氏名	
		学年組	
		生年月日	

	1学期（前期）	2学期（後期）	3学期
枠			
委員			
その他（行事等）			
部活・クラブ			
習い事・塾外活動			
ボランティア			
資格取得			
特記事項			

* 日々の活動・ほめたいこと

1学期（前期）	2学期（後期）	3学期

* 気になったこと、問題行動等

/	/	/
/	/	/

担任から	保護者・本人から

No			名前	
			学年組	
			生年月日	

	1学期（前期）	2学期（後期）	3学期
係			
委員			
その他（行事係）			
部活・クラブ			
習い事・塾関係			
ボランティア			
委員会等			
特記事項			

*日々の活躍・ほめたいこと

1学期（前期）	2学期（後期）	3学期

*気になったこと、問題行動等

1学期（前期）	2学期（後期）	3学期
/	/	/
/	/	/

担任から	保護者・本人から

No			名前	
生年月日			出身校	

* 日々の活動・ほめたいこと

1学期（前期）	2学期（後期）	3学期
塾		
委員		
その他（行事等）		
部活・クラブ		
習い事・家庭教師		
ボランティア		
進路希望		
特記事項		

* 気になったこと、問題行動等

1学期（前期）	2学期（後期）	3学期
/	/	/
/	/	/

note

* 看護者の記録

担任から	保護者・本人から

No			生年月日	
氏名			出身校	

	1学期（前期）	2学期（後期）	3学期
係			
委員			
その他（行事等）			
部活・クラブ			
習い事・資格等			
ボランティア			
進路希望			
特記事項			

* 日々の活躍・ほめたいこと

1学期（前期）	2学期（後期）	3学期

* 気になったこと、問題行動等

/	/	/
/	/	/

Note

担任から	保護者・本人から

＊面談等の記録

ヘッドニュース

	NO
	氏名

	年月日
	出席番号

	1学期（前期）	2学期（後期）	3学期
姓			
委員			
その他（行事等）			
部活・クラブ			
習い事・塾稽古			
ボランティア			
進路希望			
特記事項			

* 1日の反省・ほめたいこと

1学期（前期）	2学期（後期）	3学期

* 気になったこと、問題行動等

/	/	/
/	/	/

Note

*　面談者の記録

担任から	保護者・本人から

メモスペース

No		名前	
		年月日	出身校

* 1日の行動・ほめたいこと

1学期（初期）	2学期（後期）	3学期
姿		
姿勢		
その他（行事等）		
朝の・ラブ		
遊び事・落校等		
ポンティア		
進路希望		
特記事項		

* 日々の行動・反省について

1学期（初期）	2学期（後期）	3学期
/	/	/
/	/	/

* 気になったこと、問題行動等

note

ご利用ガイド

担任から	保護者・本人から

* 面談等の記録

No		氏名	
年月日		出席校	

	1学期（前期）	2学期（後期）	3学期
姿			
姿勢			
その他（行動等）			
給食・ラフン			
居い事・習校等			
ボランティア			
連絡事項			
特記事項			

＊日々の活動・ほめたいこと

1学期（前期）	2学期（後期）	3学期

＊気になったこと、問題行動等

/	/	/
/	/	/

note

担任から	保護者・本人から

*面談等の記録

名前		年月日	
No		出身校	

	1学期（前期）	2学期（後期）	3学期
欠			
遅刻			
その他（行事等）			
部活・クラブ			
習い事・塾授業等			
ボランティア			
運転免許			
特記事項			

* 日々の活躍・ほめたいこと

1学期（前期）	2学期（後期）	3学期

* 気になったこと、問題行動等

/	/	/
/	/	/

Note

担任から	担護者・本人から

* 面談等の記録

No		名前	
生年月日		出身校	

* 日々の活躍・ほめたいこと

1学期（前期）			2学期（後期）		3学期
係					
委員					
その他（行事等）					
部活・クラブ					
賞い事・習熟事					
ボランティア					
通院希望					
特記事項					

* 気になったこと、問題行動等

1学期（前期）	2学期（後期）	3学期
/	/	/
/	/	/

Note

担任から	担護者・本人から

メモページ

* 面談等の記録

	1学期（初期）	2学期（後期）	3学期
姓			
名前			
その他（行事等）			
部活・クラブ			
習い事・家庭学習			
ボランティア			
進路希望			
特記事項			

* 日々の活躍・ほめたいこと

1学期（初期）	2学期（後期）	3学期

* 気になったこと、問題行動等

1学期	2学期	3学期
/	/	/
/	/	/

No		
氏名	生年月日	出身校

個別記録ノート

* このノートの目次になるページです。氏名は名簿印を押すか、Excelで作成して貼ると便利です。

氏　　名	Page No.		
	2-3		
	4-5		
	6-7		
	8-9		
	10-11		
	12-13		
	14-15		
	16-17		
	18-19		
	20-21		
	22-23		
	24-25		
	26-27		
	28-29		
	30-31		
	32-33		
	34-35		
	36-37		
	38-39		
	40-41		
	42-43		
	44-45		
	46-47		
	48-49		
	50-51		
	52-53		
	54-55		
	56-57		
	58-59		
	60-61		
	62-63		
	64-65		
	66-67		
	68-69		
	70-71		